L. AUVRAY

DOCUMENTS ORLÉANAIS

DU XIIe ET DU XIIIe SIÈCLE

EXTRAITS

DU

FORMULAIRE DE BERNARD DE MEUNG

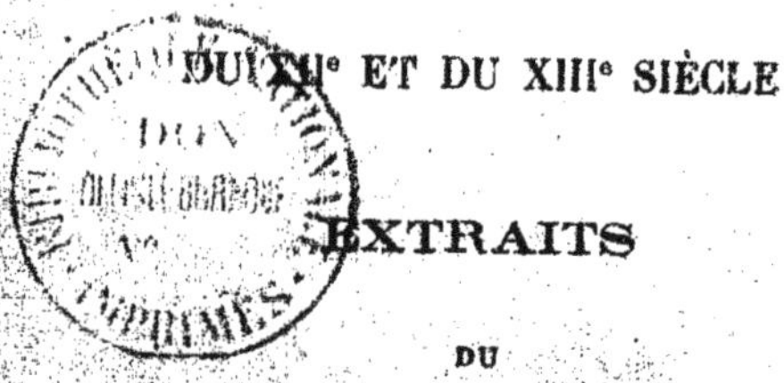

ORLÉANS

H. HERLUISON, LIBRAIRE-ÉDITEUR

17, RUE JEANNE-D'ARC, 17

1892

L. AUVRAY

DOCUMENTS ORLÉANAIS

DU XIIᵉ ET DU XIIIᵉ SIÈCLE

EXTRAITS

DU

FORMULAIRE DE BERNARD DE MEUNG

ORLÉANS

H. HERLUISON, LIBRAIRE-ÉDITEUR

17, RUE JEANNE-D'ARC, 17

1892

(Extrait des Mémoires de la Société archéologique et historique de l'Orléanais)

DOCUMENTS ORLÉANAIS

DU XIIe ET DU XIIIe SIÈCLE

EXTRAITS

DU

FORMULAIRE DE BERNARD DE MEUNG

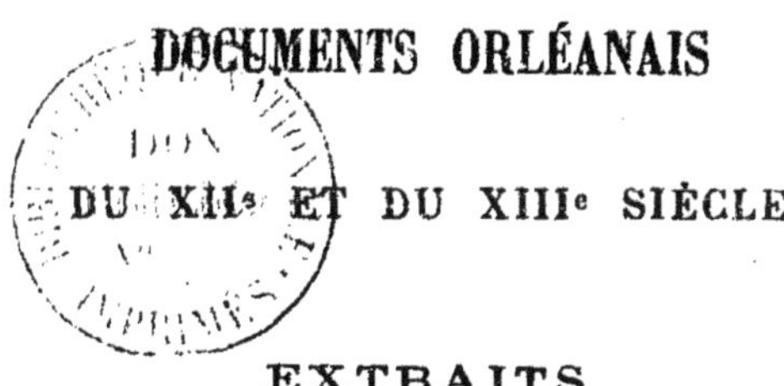

Il y a, dans l'histoire littéraire du moyen âge, tout un
genre d'ouvrages qui, laissés dans l'oubli pendant des
siècles, ont attiré depuis quelque temps l'attention des
érudits, et ont fait, assez récemment, l'objet d'importants
travaux. Ce sont les formulaires. Bien arides au premier
abord, ces compositions, lorsqu'on sait en tirer ce qu'elles
contiennent, abondent en indications précieuses pour
l'histoire de la rhétorique et pour la diplomatique du
moyen âge. On trouve aussi, assez souvent, dans l'*epistolarium* qui fait suite aux préceptes théoriques d'un grand
nombre de ces traités, des documents que l'on irait plutôt
chercher dans les cartulaires, insérés là à titre d'exemples,
et nullement en vue des renseignements historiques
qu'ils peuvent fournir.

L'Orléanais a été particulièrement fécond en ouvrages de ce genre (1). Ce n'est pas ici le lieu de passer en revue les nombreux formulaires rédigés à différentes époques dans cette région. Laissant à des personnes plus compétentes (2) le soin d'étudier la partie théorique de ces traités, nous ne nous proposons ici que d'emprunter à l'un d'eux plusieurs documents orléanais, qui ne paraissent pas nous être parvenus par une autre source (3), et qu'il y avait intérêt, croyons-nous, à signaler.

Le manuscrit 4 de la Bibliothèque d'Agen (4), d'où sont

(1) Les savants qui paraissent avoir fait les premières recherches sur les formulaires d'origine orléanaise sont M. W. WATTENBACH, qui, dans l'*Archiv* de Pertz, t. X (1851), p. 557-560, a donné l'analyse et des extraits du formulaire du manuscrit de Vienne 521 (Cf. *Archiv für Kunde österreichischer Geschichts-Quellen*, t. XIV, 1855, p. 56-57), et M. ROCKINGER, qui a publié un *Ars dictandi Aurelianensis*, d'après un manuscrit de Munich, en 1863, dans le t. IX, 1re partie, des *Quellen und Erörterungen zur bayerischen und deutschen Geschichte*, p. 95-114. (Cf. *ibid.*, p. XXVIII.) — Quelques années plus tard, en 1869, M. L. DELISLE empruntait à différents formulaires des documents très curieux pour l'histoire de l'enseignement dans l'Orléanais. (Voyez son mémoire sur *Les Écoles d'Orléans au XIIe et au XIIIe siècle*, inséré dans l'*Annuaire-Bulletin de la Société de l'Histoire de France*, t. VII, p. 139 et suivantes.) — Enfin, l'ouvrage où l'on trouvera les renseignements les plus nombreux sur les formulaires orléanais est celui de M. N. VALOIS, *De arte scribendi epistolas apud gallicos medii ævi scriptores*, etc., Paris, 1880.

(2) M. Ch.-V. Langlois prépare un travail d'ensemble sur les formulaires, et a déjà publié une Notice spéciale sur deux d'entre eux.

(3) Du moins, ne rencontrons-nous rien de semblable dans les extraits des Cartulaires de Sainte-Croix d'Orléans et de Meung, conservés dans le tome 78 de la collection Baluze, à la Bibliothèque nationale; c'est là où il y avait le plus de chances de trouver une copie des documents qui font l'objet de ce travail. Rien non plus, à notre connaissance, aux Archives du Loiret.

(4) C'est un petit volume en parchemin, de la fin du XIIe siècle ou du commencement du XIIIe, de 192 pages, soit 96 feuillets.

tirés ces documents, est l'un des exemplaires les plus
anciens et les plus complets d'un formulaire qui, dans la
plupart des manuscrits, est sans nom d'auteur, mais dont
l'origine orléanaise est évidente par elle-même (1), et
dont l'attribution à Bernard de Meung, attestée par plusieurs copies, ne semble devoir faire aucun doute (2). La
partie théorique du traité de Bernard de Meung a eu,
au XIIIe siècle, un certain succès, et la Bibliothèque nationale, à elle seule, en possède un assez bon nombre
d'exemplaires (3); mais le manuscrit d'Agen est, en France,
le seul qui, à notre connaissance, fournisse un *epistolarium* aussi complet (4). On conservait jadis, dans la biblio-

(1) En dehors même des actes orléanais examinés plus loin, les
noms d'Orléans et de Meung reviennent presque à chaque page.
Deux documents, — sans parler de ceux que nous publions, — sont
datés de Meung : « Actum publice, in domo magistri B. de Magduno »
(p. 44); « Actum Magduni, ante ecclesiam Beati Liphardi, anno ab
Incarnatione Domini M° C° » (p. 54).

(2) D'après le Catalogue imprimé des manuscrits de la Bibliothèque
royale de Munich, le manuscrit 14708 de cette collection porterait
(fol. 50) le titre *Bernardi de Magduno summa*, et le manuscrit
22294 (fol. 25), le titre *Bernhardi de Magduno flores dictaminum*.
Dans le manuscrit du British Museum *Additional* 18382 (fol. 65 v°),
l'ouvrage est simplement intitulé *Summa Bernardi*.

(3) On reconnaît le formulaire de Bernard de Meung et les formulaires qui en dérivent à cet *incipit :* « Ad doctrinam dictaminis acce-
dentes » ou « accessuri ». Citons, à la Bibliothèque nationale, les
manuscrits latins 994, fol. 30 ; 1093, fol. 55 ; 8653, fol. 23 ; 11386,
fol. 32; 14195, fol. 20 ; 15170, fol. 16; en province, le manuscrit de
Troyes 893; à l'étranger, les manuscrits de Munich 14708 et 22294
déjà mentionnés, et le manuscrit 96, fol. 17 ; à Vienne, les manuscrits 521, fol. 85-188, et peut-être 896, fol. 17-40, de la Bibliothèque impériale.

(4) Cet *epistolarium*, ou un *epistolarium* très semblable, se rencontre dans le manuscrit précité du Musée britannique ; on trouve
aussi des exemples intéressants dans le manuscrit latin 15170 dont il
sera question plus loin.

thèque du chapitre de Beauvais, un formulaire qui devait avoir de grands rapports avec celui qui nous occupe (1). Nous ignorons ce qu'il est devenu (2).

La date de la composition de la *Summa bernardina*, telle qu'elle se rencontre dans le manuscrit d'Agen, ne peut être fixée que d'une manière approximative. Le plus ancien document qui s'y trouve rapporté est de 1162 (n° I); les plus récents sont de 1192 (n°s VII et IX). Cette rédaction du formulaire de Bernard de Meung n'est donc pas antérieure à cette date; elle ne doit pas non plus, d'après l'âge de l'écriture du manuscrit d'Agen, lui être de beaucoup postérieure.

Voici l'indication sommaire des pièces contenues dans ce volume :

I. — Règlement de Manassès de Garlande, évêque d'Orléans, pour l'église de Meung, 1162.

II. — Formule d'un acte de réconciliation entre belligérants (*J. de Balgenciaco* et *B. de Magduno*).

III. — Acte de confraternité entre les chanoines d'Orléans et le chapitre de Meung.

IV. — Contrat d'acensement, 1174.

V. — Formule d'un contrat de mariage, 1170.

VI. — Formule d'un acte de manumission, 1192 (?).

VII. — Convention entre Henri de Dreux, évêque d'Orléans, et les chanoines de Meung, 1192.

VIII. — Indulgences pour Saint-Martin (?) de Meung.

IX. — Accord entre l'abbé de Saint-Mesmin de Micy et C. de Meung, 1192.

----

(1) Sur ce manuscrit, attribué à un certain « magister dominicanus hispanus », voyez l'*Histoire littéraire de la France*, t. XIV, p. 377-381.

(2) Plusieurs des manuscrits du chapitre de Beauvais sont passés dans le cabinet de M. Le Caron de Troussures; peut-être le formulaire dont il s'agit est-il du nombre.

Cette liste suffit à donner une idée de l'intérêt que présente l'*epistolarium* de ce formulaire, si toutefois les documents dont il se compose sont bien authentiques. Mais le sont-ils ? N'ont-ils pas été fabriqués de toutes pièces par l'auteur de ce traité ? Ou bien sont-ils, au contraire, la simple reproduction de textes originaux ?

A envisager, non les actes destinés à servir d'exemples, mais les simples formules, d'un caractère trop général pour offrir historiquement quelque intérêt, un doute à cet égard pourrait être permis. En effet, si, dans certaines de ces formules, qui semblent bien empruntées à des textes originaux de la fin du XIIe siècle, nous trouvons les initiales de noms connus, c'est exactement le contraire qui se présente dans beaucoup de cas. Par exemple, *M.*, *Dei gratia Parisiensis episcopus*, peut bien s'interpréter *Mauricius; C.*, *decanus Sancti Aniani Aurelianensis*, *Cadurcus; J. de Balgenciaco, Johannes de Balgenciaco; H.*, *Dei gratia Aurelianensis episcopus*, *Henricus*, etc. Mais, en revanche, la comtesse de Blois, femme de Thibaud V,. qui s'appelait *Alix*, est désignée à tort (p. 16) par la lettre *F.*; on trouve (p. 16) un évêque d'Orléans imaginaire dont le nom commence par un *G*, et (p. 40) un vicomte de Thouars, absolument inconnu, dont l'initiale serait *B*. Ce sont là des lettres de pure fantaisie, mises absolument au hasard.

On pourrait relever également, dans les dates de deux documents, des inexactitudes assez graves. La pièce I est datée à tort de la 26e année du règne de Louis VII, au lieu de la 28e, et la date 1192 donnée à la pièce VI est certainement fausse.

Cependant, on ne saurait légitimement conclure de ces irrégularités à la fausseté des actes insérés dans le formulaire. Les erreurs de date peuvent être simplement le fait du copiste. Quant à la substitution d'une lettre quelconque à la véritable initiale dans un nom propre, c'est là un procédé de « démarcage » qui n'implique nullement la non authenticité de la pièce ainsi démarquée, et dont nous rencontrons, dans notre formulaire même, un exemple des plus caractéristiques. La pièce IV, dans le manuscrit d'Agen, se trouve transcrite en deux endroits. La première des deux copies, d'ailleurs incorrecte, donne en toutes lettres les noms des contractants ; la seconde fournit un texte sensiblement meilleur, mais les noms propres y sont remplacés par des lettres de l'alphabet, qui ne représentent aucunement ces mêmes noms. Ainsi, *Joldoinus de Pereio* devient *B. de tali loco ; Agnete* devient *D.; Herveus et Radulfus* sont représentés par *P. et B.; Isabella* par *M.*, etc. Ce n'est point une raison pour suspecter l'authenticité de cette pièce, dont la date se compose de plusieurs éléments qui concordent parfaitement, et où nous trouvons la mention d'un personnage historiquement connu, Lancelin III de Baugency.

Et, à supposer même que certains documents soient imaginaires, ce qui pourrait, à la rigueur, se soutenir pour les pièces III et VIII, il en est d'autres qu'il nous paraît impossible de ne pas considérer comme authentiques : notamment la pièce I, la plus intéressante de toutes, où nous rencontrons, à côté de notions très-précises et très-curieuses sur le *magister scole* et ses attributions, des détails trop circonstanciés, comme la date de la mort d'Étienne de Garlande, et une fondation en sa mémoire, pour les croire imaginés à plaisir par l'auteur du formulaire.

En outre, la présence d'actes sûrement authentiques, à date certaine, dans des recueils épistolaires de ce genre, donne une grande autorité à ceux qui sont dépourvus de

date, et réduits à peu près à de simples formules. Et plus
un formulaire est ancien, plus il y a de chances pour
que l'auteur ait travaillé sur des textes dignes de toute
créance, et n'ait nullement inventé de toutes pièces ses
exemples.

Ajoutons enfin que les documents conservés dans l'exem-
plaire examiné ici de Bernard de Meung, fussent-ils apo-
cryphes, seraient toujours intéressants, rien qu'à titre de
spécimens d'actes, principalement les pièces IV et VI, qui
sont de très curieux modèles de contrats.

On rencontrerait dans bien d'autres manuscrits que celui
d'Agen des actes orléanais d'un réel intérêt, reproduits
à titre d'exemples (1). Nous nous bornerons à emprunter
au manuscrit latin 15170 de la Bibliothèque nationale, où
se trouve une autre copie, mais moins complète, de l'ouvrage de Bernard de Meung, un document qui nous paraît
mériter tout spécialement d'être signalé. Ce document, qui
a été ajouté après coup dans la marge inférieure du
feuillet 16 recto, est une requête adressée par les habi-
tants d'Orléans à un roi de France L. (Louis IX, moins
probablement Louis VIII), contre une reine de France I.
(Ingeburge de Danemark, veuve de Philippe-Auguste), qui

(1) Nous devons attirer particulièrement l'attention sur une série
de lettres insérées dans le manuscrit 443 (B, 4, 92) de Valenciennes,
à la suite de la correspondance d'Étienne de Tournay. Sur quarante-
deux pièces dont se compose cet *epistolarium*, une dizaine au moins
concernent l'Orléanais ou le Pays Chartrain. Il nous faut signaler
également, dans le manuscrit latin 7420 B, fol. 127 et suivants, une
autre série de pièces importantes, parmi lesquelles nous trouvons
une bulle du pape Grégoire IX, du 18 décembre 1228, adressée au
doyen et au chantre d'Orléans, et une lettre de ceux-ci à l'official
de Chartres, d'une date vraisemblablement peu postérieure. Autre
recueil analogue, très important, dans le volume 279 de la collection
Baluze, d'après un manuscrit de la bibliothèque Sainte-Geneviève.

retenait emprisonnés plusieurs des leurs. Il n'est pas impossible que cette pièce, dont le texte est malheureusement très effacé, et que nous ne pouvons reproduire sans lacunes, se rapporte aux événements qui ont jeté le trouble dans Orléans en 1236, et dans lesquels Hugues le Boutellier, l'un des plus zélés serviteurs de la reine Ingeburge, fut particulièrement compromis (1). Mais c'est là une hypothèse que rien, jusqu'ici, n'est venu confirmer ; d'ailleurs, nous n'oserions garantir la parfaite authenticité de ce document (2).

(1) Voyez *Hugues le Boutellier et le massacre des clercs à Orléans en 1236*, par J. DOINEL, Orléans, 1887 ; extrait du *Bulletin 130 de la Société archéologique et historique de l'Orléanais*.

(2) Nous devons quelques-uns des renseignements consignés dans les pages qui précèdent à l'obligeance de MM. H. Omont, Ch.-V. Langlois et Maurice Prou, à qui nous sommes heureux d'exprimer ici nos remerciements. Au moment où nous mettons sous presse, M. Langlois nous apprend que ses dernières recherches sur le sujet l'ont amené à cette conjecture, que *Bernard*, dit *de Meung*, ne serait autre que le célèbre *Bernardus Sylvestris*: hypothèse qui, si elle vient à être vérifiée, pourra jeter un jour tout nouveau sur l'histoire, encore si obscure, des *Dictamina*.

I. — RÈGLEMENT DE MANASSÈS DE GARLANDE, ÉVÉQUE D'ORLÉANS, POUR L'ÉGLISE DE MEUNG (1162).

Decretum Aurelianensis episcopi, statuentis quedam in ecclesia Magdunensi (1).

Ut in nostris temporibus instituta feliciter, et prudenti consilio confirmata, certa quadam noticia propagentur in posteros, nec processu temporis a nostra memoria per exortam oblivionis caliginem evanescant, literarum solent indiciis eternari. Notificetur ergo presentibus ac futuris quod ego Manases (2), Dei gratia Aurelianensis ecclesie minister humilis et abas Magdunensis, de comissarum ecclesiarum profectu sollicitus, in Magdunensi ecclesia de comuni canonicorum consilio sacerdotem institui, qui semper assiduus eidem ecclesie sacerdotis debitum impendat obsequium, et prebendam illi dimidiam assignavi, decretum faciens ut prefatus presbiter, deputatus et traditus et juratus ecclesie serviende, per dies singulos in capella turris divina celebraret, pro salute regum, et episcoporum Aurelianensium, et canonicorum ecclesie Magdunensis, et pro cunctis Christi fidelibus oraturus ; preterea, quarto nonas junii, nam hac die meus avunculus felicis memorie Stephanus de Garlanda migravit a seculo (3), pro illius anima precantatis (4) a jamdicto sacerdote vigiliis annuatim, et, perlectis psalteriis a magistro scolarum et a scolaribus in capella turris que jam dicta est, missa quoque

(1) Manuscrit 4 d'Agen, page 25.

(2) Manassès II de Garlande, évéque d'Orléans de 1146 à 1185 ou 1186.

(3) Étienne de Garlande, chancelier de France, doyen de Saint-Aignan, etc. D'après HUBERT, *Antiquitez, etc., de Saint-Aignan d'Orléans*, p. 96, il serait mort le 30 juillet 1140 ; d'après le P. ANSELME, *Histoire généalogique*, etc., t. VI, p. 36, le 14 janvier 1150. Si l'on se fie à l'autorité de la charte de son neveu Manassès, ce n'est aucune de ces deux dates, mais celle du 2 juin qu'il faudrait adopter (la date de l'année restant douteuse).

(4) M.: *precedentis.*

celebriter a conventu ecclesie decantetur ibidem ; et post meum obitum, anniversario die, per annos singulos, ab isdem canonicis, capellano, scolaribus, mihi similiter exequialis officii munus et debitum impendatur ; insuper in secunda feria per omnes ebdomadas, comendatione facta fidelium in conventu, memoratus presbiter in eadem capella pro salute fidelium animarum salutarem hostiam in mensa Domini devotus offerat, et piarum orationum deserviat holocausto. Ordinavi quoque personam aliam in eadem ecclesia, que de manu cantoris prebendam dimidiam, et scole regimen et laborem recipiat succentoris. Quod si forte morum minus idonea reperta fuerit, aut ad suum officium negligenter acceserit, aut adversus capitulum ejusdem ecclesie vel in ipsam ecclesiam indigna comiserit, ad suum feodum manum extendere cantori liceat, atque magis ydoneam subrogare personam, preconsulta tamen capituli ratione. Siquidem hanc prebendam dimidiam, que magistro scole decernitur assignanda, pertinere constituo cantoris ad feodum, ut, qui habuit, fidelitatem hominii cantori faciat, et secundus in chori sit ordine post decanum, stallum quoque recipiens a cantore. Insuper in eodem decreto constituo succentoris officium et magistri sic donari similiter a cantore, ne quid sibi penitus in eo retineat, et nihil exigat, preter solam hominii dignitatem. In his ergo duobus canonicis quibus una prebenda dividitur, nec statuta destruitur annualis justicia, nec prebende surgunt ad numerum ampliorem, sed comuni consideratione constituitur ut personis duobus idoneis prebendarum una perhenniter addicatur. De hiis quoque provisum est et comuni providencia stabilitum, quatenus majori studio multoque frequencius assistant servicio, et q[uatenus] jurent ecclesie mansionem, et in certis temporibus cum eorum occurreri[n]t septimane, vel ipsi celebrent, vel eas faciant (1) a persona vicaria celebrari ; quorum uterlibet, uterque forsitan, si vocari contigerit ad majora, cogentur utique pro majori proficuo minora linquere, sed in sortem eorum ac beneficia novi surgent et venient successores. Post decessum vero taxati presbiteri,

(1) Ms. *facient*.

matris ecclesie provisori, sive pontifici sive regi comitatur id
honoris, ut, secundum consilium Magdunensis capituli, conve-
nientem personam ac eodem capitulo presentatam infra dies
triginta statuat, que (1) sacerdotis premortui vices adimpleat et
beneficio non fraudetur. Item, cum magister scole decesserit,
aut si major eum promotio vel casus alius absentem fecerit,
personam idoneam ornatam moribus, literarum scientia comen-
datam, infra diem tricesimum cantor eligere non obmitat, et
presentet eam episcopo confirmandam. Decrevi preterea quod
in nostro decessu quicquid erit ornatuum in capella turris que
mea est, ad potestatem et usum ecclesie beatissimi confessoris
Liphardi sine omni contradictionis obstaculo transferatur. Sub-
rogati vero pontifices memorate capelle de novis provideant
universis, et pari munere sibi consilient in suo transitu et exem-
plo consimili confessorem. Atendens igitur hoc decretum ecclesie
profuturum, cum universis presbiteris qui presentes aderant,
excommunicationis sententiam in eos protuli, qui rem istam
divinitus inspiratam pravitatis ingenio revocare temptaverint aut
in contrarium immutare. Si qua vero postmodum ecclesiastica
secularisve persona tam honestum decretum et utile violentis
conatibus anullare studuerit, omnipotentis Dei, et beate Marie
Virginis, et beati Johannis Euvangeliste, et domini pape et nostram indignationem se noverit incursuram. Actum publice, in
Magdunensi capitulo, anno Domini M°C°LX°II°, regnante Ludo-
vico, Ludovici filio, anno XX°VIII° (2), episcopatus vero nostri
anno XVII°, ordinatis in ecclesia Sancte Crucis Johanne decano,
Wilelmo cantore, Ugone subdecano, Manase capicerio (3), cancellario nullo.

(1) Ms. *qui*.

(2) Il y a là une erreur; c'est la vingt-sixième année du règne
de Louis VII, et non la vingt-huitième, qui correspond à l'an 1162
de notre ère; par contre, les années d'épiscopat de Manassès de
Garlande sont exactement comptées.

(3) Ces noms se retrouvent à la fin de plusieurs actes de Manassès,
de 1166 et 1167, publiés dans la *Gallia Christiana*, t. VIII, preuves,
col. 517 et 518.

II. — FORMULE D'UN ACTE DE RÉCONCILIATION ENTRE BELLIGÉRANTS.

Cirographum de conciliatione .II. militum (1).

Ab humana facilius elabuntur memoria, que nec scripto nec voce testium eternantur. Cognoscant itaque presentes [et] posteri quod J. de Balgenciaco (2) et B. de Magduno guerram diutinam inter nos habuimus et utique dampnosam. Videntes ergo quod per malum discordie res magne defluunt, et a bono concordie majus recipiunt incrementum, ex bonorum virorum consilio rancorem animi deponentes ad invicem, ad pacem venimus ex utraque parte, datis obsidibus hoc tenore, quod det centum marchas alteri qui a pace resiliet instituta. Insuper, ut res ista maneret stabilis et magis integra, nostrum episcopum uterque rogavimus, ut sigilli sui cirographo dignaretur apponere firmamentum.

III. — ACTE DE CONFRATERNITÉ ENTRE LES CHANOINES D'ORLÉANS ET LE CHAPITRE DE MEUNG (3).

Cirographum canonicorum Aurelianensium de quodam p icto et capituli Magdunensis (4).

... Innotescat... presentibus ac futuris quod nos Aurelianenses canonici cum Magdunensi capitulo tale pactum fraterni-

(1) Page 28.

(2) Sans doute *Jean Ier de Baugency* (1186 environ à 1203 environ).

(3) Sur les *Lettres de confraternité ou d'association*, voy. L. DELISLE, dans *Bibliothèque de l'École des Chartes*, 2e série, t. III (1846), p. 364 à 369.

(4) Page 29. — Il faut lire probablement : *cum capitulo Magdunensi.*

tatis confirmavimus et manere semper decrevimus illibatum, ut, si forte de nostro numero quisquam decesserit, et a nobis pervenerit ad eos litera decessum nuncians, nulla fiet dilatio nec contradictio exequiarum officia celebrandi. Insuper, si quis de fratribus nostris occasione qualibet ad eos venerit, eum recipiant una (1) nocte, quod ad victum (2) sibi necesse fuerit exhibentes, et nos quoque canonicis Magdunensis ecclesie tenemur facere quod nobis facient, et in pari semper officio respondere. Ceterum, ut decretum istud sit magis stabile, tam sigilli nostri munimine quam illorum istud volumus presens cirographum ex comuni consilio roborari.

IV. — CONTRAT D'ACENSEMENT (1174).

Cirographum (3) *de conventione cujusdam viri cum alio super aquam ociosam* (4).

Ne presentis etatis negotia consumat oblivio, literarum solent indiciis (5) eternari. Sciant ergo presentes [et] posteri quod ego Joldoinus de Pereio (6), viri nobilis Hamelini (7) quondam filius,

(1) Ms. *vita*.

(2) Ms. *adjunctum*.

(3) Il y a, dans le manuscrit d'Agen, deux copies différentes de ce document; la première (p. 30 et 31), que nous désignerons par la lettre A, donne les noms des contractants et la date, mais elle est très incorrecte; la seconde (p. 45 et 46), qui sera représentée pour nous par la lettre B, ne fournit aucune date, et les noms propres y sont remplacés par des initiales de convention, mais le texte en est généralement meilleur; nous avons plus d'une fois corrigé la première rédaction par la seconde.

(4) Dans B, le titre de ce document est : *Carta de assensasione molendini ad parandos pan[n]os.*

(5) A, *indicii*; B, *indiciis*.

(6) B, *B. de tali loco.* — De Pereio, de Pray, Pray-le-Fort, aujourd'hui Pré-le-Fort, commune de Huisseau-sur-Mauves, ou mieux de Pray, commune du canton de Selommes (Loir-et-Cher).

(7) A, *Hamelitum*; B, *viri nobilis talis.*

uxore Agnete (1), meisque filiis Herveo et Radulfo (2), meaque filia Isabella (3) volentibus et concedentibus, ociosam aquam molendini mei viginti solidis (4) adcensavi (5) Fulconi (6), ut in ea molendinum edificet ad telas (7) parandas; supradictos autem .XX. solidos mihi reddet (8) et meis heredibus annuatim, in illa die dominica que est ante ramos palmarum (9). Verum ne prefati Fulconis (10) molendinus meis heredibus aut mihi noceat, laborandi licentiam (11) non habebit, nisi quando meus fuerit ociosus (12). Insuper, si exclusa rupta fuerit, vel si aquam curare necesse fuerit, sive superius sive inferius (13), ego totam expensam faciam et laborem. Omnes pisces preterea qui capientur in aqua, sive sub molendino sive supra molendinum (14), mei erunt. Molendinum illum quod Fulco faciet (15) ipse perhenniter et heredes sui pacifice possidebunt, et si opus fuerit, invadiare poterunt cui volent; sed eum vendere nisi viro libero non licebit. Quem si forte voluero comparare, vel meis heredibus comparandi voluntas fuerit, de summa precii quam daret alius, cadent .V. solidi. Venditiones autem ejusdem molendini vel relevationes supra .III. solidos non ascendent. De terra vacua que est (16) ante molendinum habebit

(1) A, *Arguete;* B, *D.*
(2) B, *P. et D.*
(3) B, *M.*
(4) A, *solidos;* B, *solidis.*
(5) A, *adcessavi;* B, *adcensavi.*
(6) B, *tali homini.*
(7) A, *tellas;* B, *telas.*
(8) A, *reddibus.*
(9) B, *in die dominica ramos palmarum.*
(10) B, *hominis.*
(11) A, *scientiam.*
(12) A, *ocius.*
(13) A, *superius ant inferius.*
(14) A, *omnes pisces qui sub molendino vel supra molendinum capti fuerint.*
(15) B, *molendinum illum tale fiet.*
(16) B, *De terra vacua sed ante molendinum.*

Fulco (1) arpennum dimidium ad minus, ad pannos, cum de
molendino exierint, exicandos (2). Ut res ista stabilior habere-
tur (3), fidem dedi (4) de garentia (5) pro mea conjuge et pro
meis heredibus et jam natis et postea nascituris. Memoratus
etiam Fulco (6) pactiones suas tenere pepigit et fide (7) firmavit.
Hujus rei testes sunt ex parte mea : Radulfus (8) de Boolla (9),
Guido de Grangerio, Reunaudus de Pereio et filii sui Gaufridus
et Ernulphus ; ex parte Fulconis (10) testes sunt : Radulphus de
Barra, Ancelinus de Balgenciaco (11), Rogerius Fulco et filius
suus Ugo. Actum Maudu[ni], publice, anno Domini M°C°LXX°
quarto, inditione septima.

V. — FORMULE D'UN CONTRAT DE MARIAGE (1170).

Cirographum de maritagio (12).

Ut ad nostre posteritatis noticiam que geruntur a nobis ne-
gocia cerciora perveniant, literarum ea memorie comendamus,
et, inscriptis eorum nominibus ac testimonio qui gerendis
negociis astiterunt, futurarum calumniarum incomodis obvia-
mus. Sciant ergo presentes [et] posteri quod Philippus, Sadonis
filius, honestam virginem et venusta[m] Ceciliam, Gaufridi de

(1) B, *talis homo arpennium dimidium ad minus habebit.*
(2) B, *desicandos.*
(3) B, *stabilis habeatur.*
(4) B, *prestiti.*
(5) B, *ganrentia.*
(6) B, *talis miles.*
(7) B, *fidem.*
(8) Tous ces noms propres sont remplacés dans B par les lettres
A, B, C, D.
(9) Boolla, Baulle, commune de Beaugency.
(10) B, *ex parte hominis, B, M, N, R. Actum publice in tali
loco, anno tali, indictione tali.*
(11) Lancelin III, seigneur de Baugency.
(12) Page 31.

Porta (1) quondam filiam, uxorem accipiens, ex precepto et
voluntate patris sui Sadonis concessit eidem et dedit in dotem
in territorio Magdunensi medietatem vinearum, et terrarum, et
pratorum et viridariorum, et totum herbergiagium patris sui et
duos hospites apud Ligerim, et medietatem possessionis de
Rosduno (2), et medietatem possessionis de Monci, tali pacto
quod, si Philippus eam non poterit habere quietam, emptionem
faciet triginta librarum, quam prefata Cecilia tenebit in dote.
Hoc dotalicium affidavit Philipus et pater ejus Sado, Joldinus
de China, Mauricius de Monti Huge ; Begerellus accepit in
manu. Hujus rei testes sunt ex parte Philipi : Rainaudus
major [etc.]. Dunerencha vero mater, et Enricus (3), frater ejusdem Cecilie, dederunt eidem in maritagium medietatem omnium
rerum quas habent apud Fontenium et apud Vesinos (4), ex-
cepto viridario. Dederunt etiam burgum et furnum de Sancto
Petro, sub tali tenore quod Henricus, quando quietam habuit
decimam de Marisiis, si burgum et furnum habere maluerit,
assignabit pro eis Philipo decimam. Sin autem, relinquunt
Philipo burgum et furnum, et in manu sua decimam retinebit.
Dederunt preterea .IIII. hospites ad Sanctum Martinum, qui
reddunt .II. solidos et .VIII. gallinas. Hos autem .IIII. hospites
insuper habebit Philipus. Dederunt etiam mihi feodum militis
et dimidium molendinum de Tholeto. Henricus, frater Cecilie,
debet hoc maritagium guarentire. Super hoc maritagium habet
Sado .XXX. libras, tali pacto quod, si forte divortium contingat
inter Philipum et uxorem suam Ceciliam infra .V. annos, Sado
tenebit hoc maritagium in manu sua, et habebit universos exitus
ejus in quietatione. Si vero divorcium eorumdem evenerit a
quinque annis in anno sine herede, ex tunc non habebit Sado
super hoc maritagium, nisi .CCC. solidos tantum. Hoc maritagium et conventiones quas diximus affidaverunt Henrichus

(1) Porta, peut-être La Porte, au nord-ouest de Saint-Ay.
(2) Rusdunum, sans doute Le Rondon, au nord de Meung.
(3) Ms. *Euricus*.
(4) Voisins, au nord-est de Saint-Ay.

frater, Odo avunculus ejus, Radulfus de Boolla (1), Joldeinus
de Pelercio (2). Dominus Bucardus in manu accepit et sigilli
sui munimine confirmavit. Actum Magduni, publice, anno
Dominici M°C°LXX°, inditione III.

VI. — FORMULE D'UN ACTE DE MANUMISSION (1192 ?).

Cirographum de manumissione (3).

Virorum prudencium interesse dinoscitur ut quecumque
gesserunt, auctoritate testium et scripture comuniant, ne
quoquo modo possint ab aliquo revocari. Sciant ergo presentes [et] posteri quod nos Gaufridus de Chadurciis (4) et
Helias, Bodellus (5) cognomine, fidelem nostrum Villelmum,
Bern[ard]i Fullonis quondam filium, pro amore Dei et pro
suo, nunc et semper ab omni debito cujuscumque servicii
quietamus, et perfectam illi concedimus libertatem. Unde,
ne qua possit in posterum suboriri calumnia vel contradictio,
filiorum nostrorum et uxorum nostrarum voluntate hoc facim-
us et assensu, et tam nostris quam eorum nominibus et
signis appositis hanc presentem paginam muniri volumus et
signari. Hujus rei testes sunt ex parte nostra : Radulfus de
Benis et Raunaudus, frater ejus ; Robinus Grimaudus ; Hai-
mericus, prior Sancti Hylarii ; magister Bernardus et magister
Villelmus, canonici Sancti Liphardi. Ex parte Guillelmi testes sunt : Raunaudus Popardus, Ancellinus de Baugenciaco,

(1) Ce personnage figure aussi comme témoin dans la pièce précédente.

(2) Peut-être faut-il lire Joldoinus de Pereio, comme dans la pièce
précédente.

(3) Page 33. — Le manuscrit porte de *mama missione*.

(4) Dans le *Cartulaire de Notre-Dame de Baugency*, on trouve
plusieurs fois *Chaourciis, Chaorciis, Caurciis*.

(5) Helias Bodellus figure comme témoin dans un acte de 1179,
inséré dans le *Cartulaire de Notre-Dame de Baugency*, p. 30.

Rogerius Fullo, Hubertus Beterra, Radulfus Gorrellus, Petrus
Gorrellus.

> Signum Gaufridi de Chadurciis.
> Signum Helie Bosdelli.
> Signum Boscie, uxoris Gaufridi.
> Signum Ascelline, uxoris Helie.
> Signum Petri, filii Gaufridi.
> Signum Odonis, filii Gaufridi.
> Signum Helie, filii Helie.
> Signum [O]donis, filii Helie.

Actum publice, apud Magdunum, in domo Garneri Ruffi,
anno Christi M°C°LXXXX°II°, inditione quarta (1).

VII. — CONVENTION ENTRE L'ÉVÊQUE D'ORLÉANS ET LES CHANOINES DE MEUNG (1192).

*De conventione episcopi cum canonicis propter pastum
episcopi* (2).

Quod gerunt homines in fuga temporis rapit oblivio, nisi
vivax occurat littera, que manere facit stabilius actiones. Innotescat ergo presentibus ac futuris quod de longa et veteri cons-
titutione Magdunensis ecclesia tenebatur Aurelianensem episcopum semel tantum in anno pascere. Sed ego Henricus (3), Dei
gratia Aurelianensis episcopus, canonicorum Magdunensium
egestati (4) compatiens, pactionem talem cum eis habui, quod

(1) La date de cette pièce est inexacte : en 1192, tombait non la
quatrième, mais la dixième indiction, et Lancelin III de Baugency,
cité comme témoin dans l'acte, ne paraît pas avoir vécu plus tard
que 1186. (Voyez D. ANSELME, *Histoire généalogique de la maison
de France*, t. III, p. 172.)

(2) Page 43.

(3) Henri de Dreux, évêque d'Orléans de 1186 à 1198.

(4) Le même Henri, évêque d'Orléans, dira un peu plus tard,

pro meo pastu centum solidos ab eis recipiam annuatim. Insuper, cum patroni sui dies advenerit, in primis vesperis ad me pervenient .XX. solidi, si forte gessero sacerdotis officium, et in die sequenti, si missam fecero, marce due. Nichil tamen absenti dabitur, et de tali stipendio memorati canonici nec debebunt nec poterunt incusari. Et ut mei posteri memoratum requirere pastum non audeant, et ab eis servetur integra predicta pactio, de consensu et de consilio Aurelianensis eclesie, Magdunensi conventui concessi literas, et tam meo quam Aurelianensis capituli signavi sigillo. Actum publice, in ipso corpore Aurelianensis ecclesie, anno Domini M°C°XC°II°, ord nalis in ea personis majoribus H. (1) decano, A. (2) cantore, C. subdecano, M. (3) capicerio, cancellario nullo.

VIII. — INDULGENCES POUR SAINT MARTIN (?) DE MEUNG.

Qui (4) domus Domini decorem diligit, ipse Dei se monstrat filium, et sibi preparat in celestis regni palatio mansionem. Magdunensis ecclesia Beati Mar[tini], quam sit vetus et quantum tenuis, et quam fere sit proxima jam ruine, nisi decipimur, fama nostrum jam detulit ad auditum. Ancillarum Christi que Deo serviunt in eadem ecclesia paupertas nimia vetustati desiderat occurrere, nec facultas tamen est socia voluntati. Rogat autem earum humilitas, et nos quoque rogantes pro eis precipimus ut, cum videritis earum nuncios, honorate se gau-

dans une charte de 1197, par laquelle il institua un sous-chantre dans l'église de Meung (*Gallia Christiana*, t. VIII, instr., col. 523) : « Attendentes... statum ecclesiæ Magdunensis, et antiquam ipsius recolentes dignitatem, *eam in multis læsam invenimus, et tam intrinsecus quam extrinsecus turpiter imminutam.* »

(1) Hugues II de Garlande, doyen de 1167 à 1198.
(2) Andreas ?
(3) Manassès ?
(4) Page 48.

deant a vobis recipi, comissumque cum diligencia moneri populum, ad tam sancti (1) operis consummationem de commissa sibi a Deo substantia quantamcumque particulam erogare. Nos autem omnibus qui suam helemosinam ad tam sanctum opus direxerint, de injuncta sibi penitencia quartam partem potestate nobis a Deo tradita relaxamus.

IX. — ACCORD ENTRE L'ABBÉ DE SAINT-MESMIN ET C. DE MEUNG.
(1192)

Satis (2) intelligit humana ratio quod mundus interit, et mundane similiter intereunt actiones... Sciant ergo presentes [et] posteri per testimonium litere, quod in nostra presencia constitutus, L. (3), Miciacensis cenobii dictus abas, cum C. de Magduno, cui mille libras persolvere tenebatur, multis astantibus et vocatis in testimonium, hujusmodi convenit : nostra quidem in manu posuit talem villam, que solebat ei(s) per annos singulos ad minus reddere centum libras; alias autem promisit in verbo fidei quod de ville redditibus nichil reciperet, sed per manum nostram haberet creditor, et suppleret abas de suo proprio si minus exiret, et si forte super exiret, quippiam ad abatis manum continuo deferretur; fuit hoc insuper in pacto positum, quod moram faceret in nostris manibus antedicta villa, quoadusque pax plena fieret antedicto de debito creditori. Ut esset firmior hec tota pactio, literarum memorie mandari fecimus, et sigilli nostri munimine confirmari. Actum publice, in Aurelianensi capitulo, ordinatis in [eo] personis majoribus H. decano, A. cantore, C. subdecano,

(1) Ms. *sancte.*

(2) Page 51. — Cette pièce est certainement émanée de Henri de Dreux, évêque d'Orléans.

(3) Lancelin (on trouve aussi le nom de Laurent). Voyez *Gallia Christiana,* t. VIII, col. 1534.

M. capicerio (1). Data per manum cancellarii nostri, anno incarnati Verbi M°C°XC°II°.

X. — REQUÊTE DES HABITANTS D'ORLÉANS A LOUIS IX (OU LOUIS VIII) CONTRE LES ENTREPRISES DE LA REINE INGEBURGE.

Excellentissimo (2) domino suo L., Dei gratia regi Francorum, universi cives Aurelianenses salutem et devotum cum omni reverentia famulatum. Qui pravis de facili credit consiliis, sue [an...] dedecorat honestatis. Majestati vestre cupimus declarare quod I. regina, Aurelianensis domina nostra, inhonesto seducta consilio, quibusdam adulatoribus ejus frequentantibus curiam, aurem credulam [ac...], cives Aurelianenses, in carcere mancipatos, detinet in vinculis, nullam tamen pretendens occasionem legitimam, quare sic eos debeat detinere. Sed, ut loquamur verius, ab eis intendit pecuniam extorquere [p.....] a patre vestro et ab antecessoribus vestris sigillum hujus privilegii, quod detineri cives non debeant, nisi gravis excessus ipsos reos efficiat, nostram in vestris literis contentam non veretur violenter infringere libertatem. Vestram igitur deprecamur excellentiam quatinus prenominatam reginam vestra monere benignitas ..... manifesta presumat injuria molestare, [sed] libertatem, quam semper habuimus, velit inviolabiliter (3) observare.

(1) Les mêmes souscriptions se lisent au bas de la pièce VII, qui est aussi de 1192, mais dans laquelle on lit cette mention : cancellario nullo.

(2) Ms. lat. 15170, fol. 16 r°.

(3) Le manuscrit porte *inviolenter*.